AF388645

30 juin 1912

NOTICE

DES

MEUBLES ANCIENS

ET MODERNES

FAIENCES & PORCELAINES

Importants Épis de faitages en Céramique du Pré d'Auge, XVIᵉ Siècle

TABLEAUX - ESTAMPES

Gouache par MALLET

BRONZES D'ART & D'AMEUBLEMENT

COFFRES EN BOIS SCULPTÉ DES XVIᵉ & XVIIᵉ SIÈCLES

NOMBREUX PANNEAUX EN BOIS SCULPTÉ
des époques Gothique et Renaissance et du XVIIIᵉ siècle

BUREAUX - COMMODES - DESSERTES - ARMOIRES - CONSOLES
Époques Régence, Louis XV et Louis XVI

OBJETS VARIÉS

Composant la Collection de feu Monsieur H. CORON

ET DONT LA VENTE AUX ENCHÈRES PUBLIQUES APRÈS DÉCÈS AURA LIEU

à MÉRU (Oise) dans la Grande Salle des Fêtes de l'Hôtel du Lion d'Or

LES DIMANCHE 30 JUIN, LUNDI 1ᵉʳ & MARDI 2 JUILLET 1912
et jours suivants, s'il y a lieu
à une heure et demie

PAR LE MINISTÈRE DE **Mᵉ VIOLETTE**, NOTAIRE, à Méru

ASSISTÉ DE

Mᵉ HENRI GABRIEL	**MM. PAULME & B. LASQUIN Fils**
COMMISSAIRE-PRISEUR	EXPERTS
12, rue Hippolyte-Lebas	10, rue Chauchat | 11, rue Grange-Batelière

A PARIS

chez lesquels se distribue la présente notice

EXPOSITION PUBLIQUE

Grande Salle des Fêtes de l'Hôtel du Lion d'Or, le Samedi 29 Juin 1912
de 9 heures à 5 heures
et le matin de chaque vacation, de 9 heures à 11 heures

CONDITIONS DE LA VENTE

Elle sera faite expressément *au comptant*.

Les adjudicataires paieront *dix pour cent* en sus des enchères.

L'exposition publique permettant aux amateurs de se rendre compte de l'état et de la nature des objets mis en vente, *aucune* réclamation ne sera admise une fois l'adjudication prononcée *pour quelque cause que ce soit*.

Pour faciliter le service de la manutention pendant la vente, la livraison des lots adjugés aura lieu après chaque vacation. Ces lots seront conservés aux risques et périls de l'adjudicataire, qui devra procéder à leur enlèvement le lendemain de chaque jour de vente, avant onze heures du matin.

ORDRE DES VACATIONS

Dimanche 30 Juin 1912

Bois sculptés. Meubles et sièges. Gouache de MALLET. Epis de faîtage.

Lundi 1er Juillet 1912

Tableaux. Estampes. Faïences et Porcelaines.

Mardi 2 Juillet 1912

Objets variés. Émaux. Ferronnerie, etc. Bronzes d'art et d'ameublement.

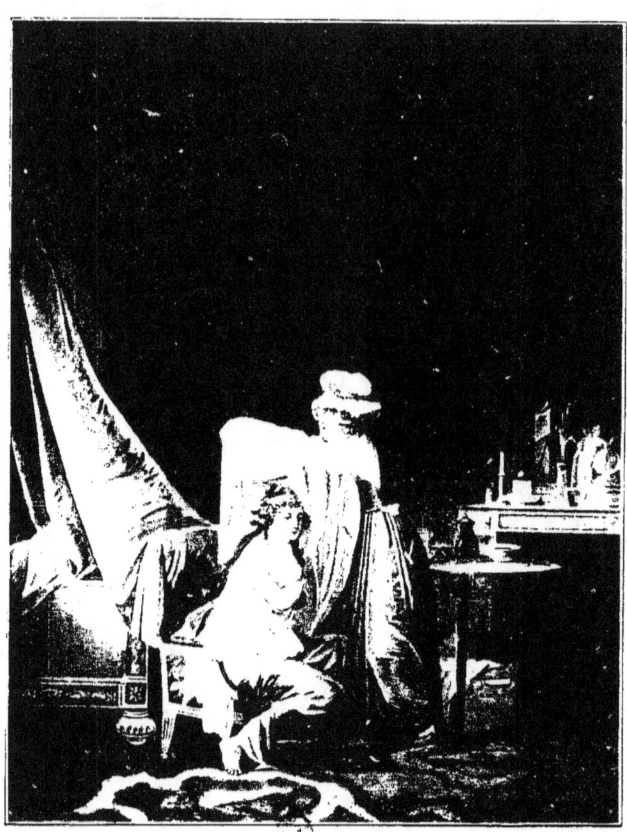

LA TOILETTE.

Gouache par MALLET.

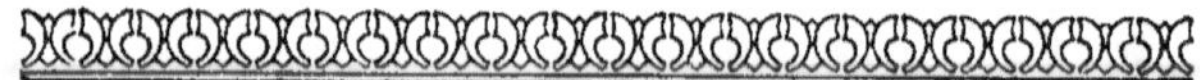

DÉSIGNATION

TABLEAUX, GOUACHES
ESTAMPES

Nombreuses gravures anciennes et modernes.

Deux gravures sur soie, d'après CLODION.

Portraits de Mademoiselle *Maillard* et de Madame de *Saint-Aubin*. Deux gravures anciennes en couleurs.

Feuilles d'antiphonaire, enluminées. xviᵉ siècle.

BOILLY (L.). Le Déménagement. Lithographie.

BOSIO (D'après). *Ah ! Beaucoup vous critiquent, mais peu vous imitent.* Gravure, par J. MARCHAND.

CHARLET (Ecole de). Soldats au cabaret. Toile.

CLÉRISSEAU. Reste d'un ancien temple aux environs de Puzzole. Gravure en couleurs, par JANINET.

DEBUCOURT. Les Visites. Gravure ancienne en couleurs.

DUPRAY (H.). Lancier. Toile.

ECOLE FRANÇAISE. Nature morte. Gouache.

ECOLE FRANÇAISE. Grotte animée de personnages : cavaliers, moines. Cuivre.

ECOLE HOLLANDAISE. Paysage avec ruines, personnages et troupeau passant un gué. Dessin aquarellé.

ECOLE HOLLANDAISE. Hermite. Toile.

ECOLE ITALIENNE. Vierge et enfant. Peinture sur ardoise. Cadre ancien en bois sculpté.

FRAGONARD (D'après). Le Petit Prédicateur, les Baignets. Deux gravures anciennes, par N. DE LAUNAY.

FREUDEBERG (D'après). Le Négociant ambulant. Gravure, par INGOUF.

KAUFFMANN (D'après Angelica). Deux gravures anglaises anciennes en couleurs, de forme ronde.

MALLET. *La Toilette.* Dans une chambre à coucher Louis XVI, on aperçoit à gauche un lit à baldaquin et rideaux, une servante passe la chemise à une jeune femme au torse nu, assise dans un fauteuil. A droite, un guéridon et la cheminée agrémentés d'une pendule et d'accessoires divers. — Haut., 25 cent.; larg., 20 cent. *Voir la reproduction.*

MONNOYER (Attribué à Baptiste). Fleurs. Deux pendants. Toile. Cadres en bois sculpté.

NEUVILLE (Alph. de). Vue de Montbéliard. Aquarelle.

NEUVILLE (Alph. de). Paysan. Dessin aquarellé.

PALIZZI. Paysage avec paysanne et vache. — Volatiles. Deux aquarelles.

PUJOL (Abel de). Jeune femme couchée. Grisaille.

VILLEFRANCHE (D'après HUET). Jeune berger et son troupeau. Dessin. Cadre en bois sculpté.

VOLLON (Antoine). Lavoir à Plantoignon. Esquisse. Toile.

Quatre cadres en bois sculpté doré Louis XVI ; ils contiennent des gravures : L'Intérieur du port de Toulon, Marseille, La Rochelle, et une vue de Toulon.

FAIENCES ET PORCELAINES

IMPORTANTS ÉPIS DE FAITAGE

DU PRÉ D'AUGE, DU XVIᵉ SIÈCLE

Sept importants épis de faitage en céramique du Pré d'Auge. XVIᵉ siècle. (Seront divisés). *Voir la reproduction.*

Fragments d'épis de faitage en céramique du Pré d'Auge. XVIᵉ siècle.

Fontaine en ancienne terre vernissée, attribuée à Bernard Palissy.

Plat en ancienne terre vernissée de la Rochelle.

Pièce de surtout, formée d'un cheval supportant une coupe, en ancienne terre vernissée.

Porte-huilier en ancienne faïence de Strasbourg, ajourée et décor en couleurs.

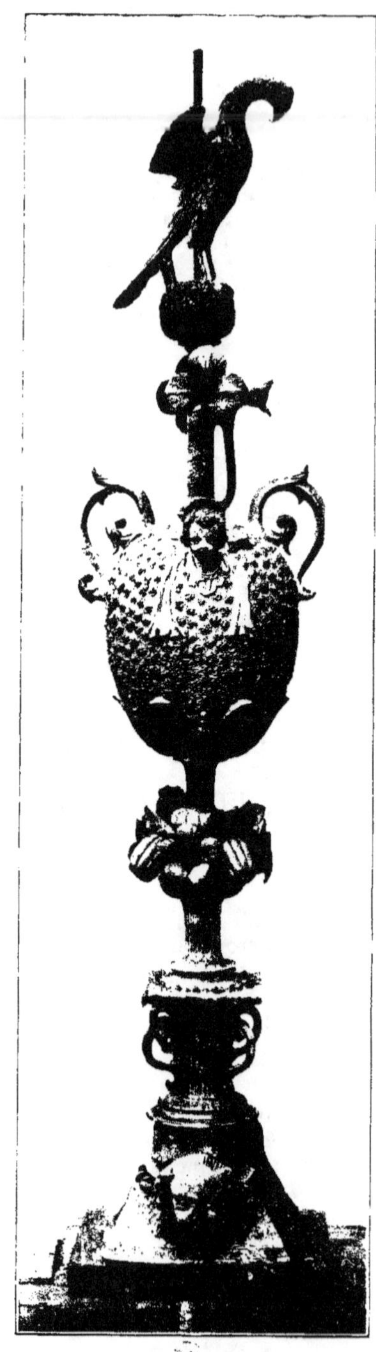

EPIS DE FAITAGE
EN CÉRAMIQUE DU PRÉ D'AUGE
XVIᵉ siècle.

Saucières en ancienne faïence de Strasbourg et Nevers.

Soupières en ancienne faïence de Strasbourg, décor polychrome.

Plats et assiettes en ancienne faïence de Delft, décor polychrome.

Porte-huiliers et burettes en ancienne faïence de Strasbourg, Rouen, Midi, etc.

Petit compotier en ancienne faïence de Marseille, décor oiseaux, fruits, etc. en couleurs.

Plats et assiettes en ancienne faïence, décor patriotique.

Pots de pharmacie en ancienne faïence de Nevers et autre.

Plusieurs statuettes et pichets. Ancienne faïence de Nevers.

Trois fontaines avec bassins en ancienne faïence de Rouen, décor polychrome.

Légumier en ancienne faïence de Rouen, décor à la corne.

Deux cache-pots en ancienne faïence de Rouen, décor polychrome.

Plats en ancienne faïence de Rouen, décor polychrome à lambrequins.

Compotier, à bord découpé, en ancienne faïence de Rouen, décor à la corne.

Couteau, avec manche, en ancienne porcelaine tendre de Saint-Cloud.

Partie de service en ancienne porcelaine, à filets d'or : corbeilles, coupes, tasses et soucoupes.

Salières en ancienne faïence.

Petite soupière, sucrier, pot à lait en ancienne porcelaine de Paris, Nast et Locré.

OBJETS VARIÉS

ÉMAUX, SERRURES, MÉDAILLES, ETC.

Émaux de Limoges de Laudin, sujets religieux, xvii⁰
siècle.

Mortier et pilon en bronze,

Salières en ancien émail de Battersea.

Miniature ovale peinte à l'aquarelle : Portrait de jeune
femme. Epoque Restauration.

Reliquaire en argent filigrané et doré.

Livre de prière du Cardinal, Prince de Bavière, Arche-
vêque de Cologne. Texte gravé. xviiᵉ siècle.

Plusieurs christs anciens, en ivoire.

Porte-montre, en forme de petite horloge, en marqueterie,
xviiᵉ siècle.

Plaquettes et médailles anciennes et modernes.

Ornements de meuble en bronzes ; mouvements de montres, etc.

Collection de verrous, pentures. Clefs en fer. xviᵉ et xviiᵉ
siècle.

Collection de cuillers, fourchettes, marteaux, cadenas,
matrices. Outils divers en fer, anciens.

Mors, éperons. xviiᵉ siècle.

Tasse à vin en argent. Boites, boîtiers de montres, montres, etc. Epoques Régence, Louis XV et Louis XVI.

Marteau de porte, à mufle de lion et serpent, en ancien
bronze patiné.

Plats et écuelles en étain ancien.

ARMES

Mousqueton à rouet, affût en bois incrusté d'ornements
en os gravé. xviᵉ siècle.

Épées, casques, cuirasse, gantelet, hausse-col, poignards,
pistolets, fusils, hallebardes, sabres, rapières, anciennes et modernes. Européennes et orientales.

Sceptre de procession en métal argenté. xviiiᵉ siècle.

BRONZES
D'ART ET D'AMEUBLEMENT
PENDULES

Pendule-cartel en marqueterie de cuivre sur écaille, ornée de bronzes dorés. Le cadran marqué : *Edme Baillot, à Paris*. Epoque Régence. Socle cul-de-lampe en contre-partie.

Pendule en marbre blanc, ornée de bronzes dorés. Le mouvement entre des montants en forme de torches enflammées. Epoque Louis XVI.

Pendule en bois sculpté et parties en pâte dorée, décor d'amours. xviiie siècle.

Deux statuettes en bronze patiné : Marchande de gibier, et Ménagère, sur socle en bronze ciselé et doré. xviiie siècle.

Paire de chenets Louis XV en bronze.

Deux lions couchés en ancien bronze patiné.

Statuette de femme allégorique en bronze patiné.

Statuette de Lucrèce en bronze patiné.

BOIS SCULPTÉ

Environ cent cinquante panneaux de meubles en bois sculpté, des xve et xvie siècles.

Petit tabernacle en bois sculpté, orné de statuettes de saints personnages dans des niches, et de colonnettes torses. xvie siècle.

Statuette de personnage à l'escarcelle en bois sculpté. xvie siècle.

Statuette de sainte femme debout en bois sculpté. xviie siècle.

Portes de meuble en bois sculpté. xvie siècle.

Devant de coffre Renaissance en bois sculpté, décor de pilastres, médaillons, aigle, niche simulée. *Voir la reproduction*.

Autre devant de coffre en bois sculpté, composé de quatre panneaux, à médaillons et amour tirant de l'arc. Epoque Renaissance.

Nombreux panneaux de coffres en bois sculpté. Epoques Gothique et Renaissance.

Nombreuses statuettes ou groupes en bois sculpté. Renaissance et Louis XIII.

Fronton-médaillon en bois sculpté.

Statuette de guerrier debout, tenant une colombe, en bois sculpté polychromé. xviie siècle.

Statuette de sainte femme, tenant un livre ouvert, en bois sculpté polychromé. xvie siècle

Colonne torse à chapiteaux en bois sculpté, décor pampres de vignes en dorure. xviie siècle.

Trois paires de flambeaux d'église en bois sculpté doré. xviie siècle.

Petit bénitier en bois sculpté peint et doré. xviie siècle.

Ecusson armorié en bois sculpté. xviie siècle.

Petit haut relief en bois sculpté : Bataille. xviie siècle.

Deux statuettes de guerriers combattant. xviie siècle.

Deux grosses chutes en bois sculpté doré : fleurs et feuillage. xviie siècle.

Corniche d'autel en bois sculpté. xviie siècle.

Partie d'autel en bois sculpté, comprenant : corniches, montants, chutes. xviie siècle.

Fragment d'autel, fait de panneaux et corniche, en bois sculpté. Louis XIV.

Panneaux et fragments en bois sculpté. Epoques Louis XIV, Louis XV et Louis XVI.

Dessus de porte en bois sculpté, décor d'attributs de musique. Epoque Louis XVI.

Baromètre en bois sculpté doré. xviiie siècle.

Coffret rectangulaire en bois finement sculpté, décor écusson armorié, rinceaux. Travail de *Bagard, de Nancy*. xviiie siècle.

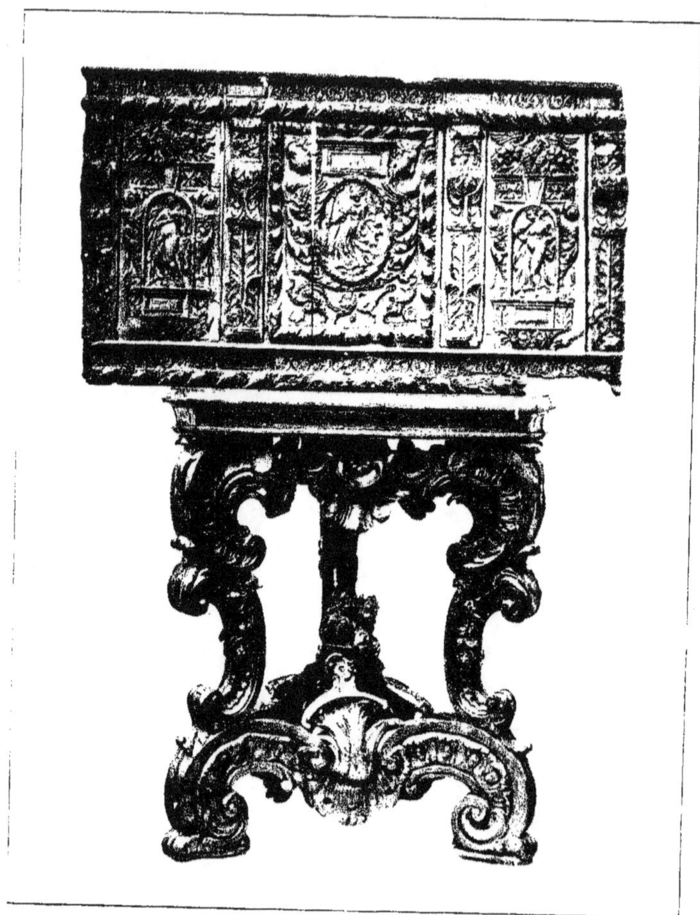

PIED DE LUTRIN EN BOIS SCULPTÉ
Époque Régence.

MEUBLES ET SIÈGES

Six petits coffres, faits de panneaux en bois sculpté, des époques gothique et Renaissance.

Coffre en bois sculpté, fait de panneaux à médaillons et figures dans des niches. xvie siècle.

Coffre en bois sculpté, fait de panneaux à motifs de rosaces elliptiques. xvie siècle.

Malle ancienne à couvercle bombé, armatures en fer.

Petit coffre en bois sculpté, fait de panneaux et cariatides, du xvie siècle.

Petit meuble à deux corps, ouvrant à quatre portes et deux tiroirs, orné de panneaux en marqueterie. Fin xvie siècle.

Fauteuil Louis XIII en bois sculpté, tourné.

Coffre en bois sculpté, muni de deux tiroirs. xviie siècle.

Coffre en bois sculpté, décor de panneaux à sujets mythologique et statuettes aux angles. xviie siècle.

Consoles en bois sculpté. xviie siècle.

Banc de chœur à deux places, en bois sculpté. xviie siècle.

Cabinet en bois noir, muni de nombreux tiroirs, orné de plaques en os gravé, et marqueterie. xviie siècle.

Armoire à deux portes en bois mouluré et panneaux à pointes de diamants. xviie siècle.

Pied de lutrin, de forme triangulaire, en bois sculpté, décor de coquilles, volutes, vase fleuri à l'entrejambe. Epoque Régence. *Voir la reproduction.*

Petite table Régence en bois sculpté.

Petite console en bois sculpté peint, décor rocailles, coquilles et fleurs. Dessus de marbre. Epoque Louis XV.

Console en bois sculpté doré, décor de rocailles. Époque Louis XV. Dessus de marbre.

Petite commode en bois de placage, ouvrant à deux tiroirs. Dessus de marbre. Epoque Louis XV.

Petite commode en bois de placage, à cinq tiroirs, ornée de bronze. Dessus de marbre. Epoque Louis XV.

Fauteuil en bois mouluré, sculpté, ciré. Estampille de Bauve. Époque Louis XV.

Chaise percée, cannée, en bois sculpté. Époque Louis XV.

Console-desserte en acajou, à côtés concaves, pieds cannelés. Tablette d'entrejambe et dessus de marbre blanc Décor de moulures ornées, galerie ajourée en bronze et baguettes de cuivre. Époque Louis XVI.

Commode en acajou, à trois tiroirs. Dessus de marbre blanc. Époque Louis XVI.

Petite console, forme demi-lune, en acajou, munie d'un tiroir. Tablette d'entrejambe. Dessus de marbre blanc. Galerie ajourée en cuivre. Époque Louis XVI.

Petite console, forme demi-lune, en bois sculpté. Dessus de marbre blanc. Époque Louis XVI.

Bureau Louis XVI en acajou, muni de nombreux tiroirs sur les côtés.

Petit meuble sur console en bois sculpté, ajouré. Style Louis XVI.

Armoire normande en bois sculpté à deux portes, la partie supérieure vitrée. xviiie siècle.

Meuble à deux corps en bois sculpté, ouvrant à quatre portes et deux tiroirs, décor de rocailles, arabesques. xviiie siècle.

Deux buffets en bois sculpté, la partie supérieure vitrée.

Console en bois sculpté doré, décor de rocailles.

Table rectangulaire en bois sculpté doré.

Coffret-cabinet en bois, orné d'incrustations de rinceaux en ivoire. Ancien travail oriental.

Bureau plat en bois noir, orné de bronze.

Guéridon en acajou sculpté, pieds-griffes. Dessus de marbre. Epoque Restauration.

Six chaises romantiques en bois sculpté.

Mobilier courant.

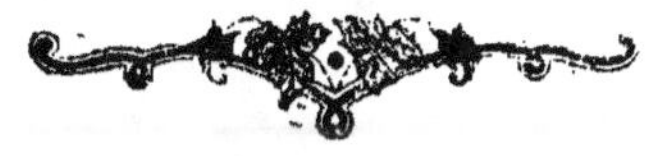

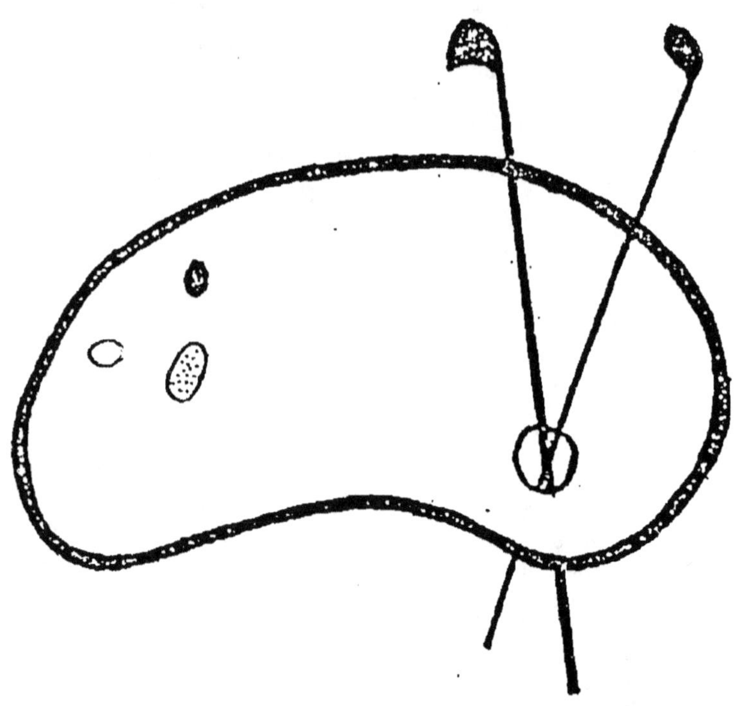

ORIGINAL EN COULEUR
NF Z 43-120-8

MOYENS DE TRANSPORT

		HEURES DE DÉPART	HEURES D'ARRIVÉE
De Paris (Nord)		8 05 matin	8 57 matin
		8 45 »	10 45 »
		11 40 »	1 03 soir
De Beauvais		7 00 »	7 29 matin
		8 46 »	9 32 »
		10 13 »	10 39 »
		midi 33	1 16 soir
De Rouen		8 06 »	10 39 matin
		5 37 »	1 16 soir
D'Amiens	viâ Abancourt	5 24 »	9 32 matin
		8 58 »	1 16 soir
		9 01 »	1 16 »
	viâ St-Omer-en-Chaussée	9 53 »	1 16 »
De Lille	viâ Amiens et St-Omer-en-Chaussée	6 30 »	1 16 »
D'Abbeville	viâ Creil et Persan-Beaumont	5 12 »	10 45 matin
	viâ Amiens et St-Omer-en-Chaussée	8 11 »	1 16 soir

Paris. — Imp. de l'Art, Ch. Berger, 41, rue de la Victoire.